ISBN 3-438-04037-9
Deutsche Bibelgesellschaft

ISBN 3-935452-02-0
Verlag Friedrich Bischoff

© 2003 Deutsche Bibelgesellschaft, Stuttgart,
und Verlag Friedrich Bischoff, Frankfurt a. M.

Englische Originalausgabe: The Lord's Prayer
Illustrated by Anne Wilson
© 2000 Tucker Slingsby Ltd, Roebuck House,
288 Upper Richmond Road West, London SW14 7JG

Text: Vaterunser in der ökumenischen Fassung
Bibeltext: Lutherbibel, revidierte Fassung von 1984,
durchgesehene Ausgabe in neuer Rechtschreibung
© 1999 Deutsche Bibelgesellschaft, Stuttgart

Alle Rechte vorbehalten
Printed in Singapore

Das Vaterunser

Illustriert von Anne Wilson

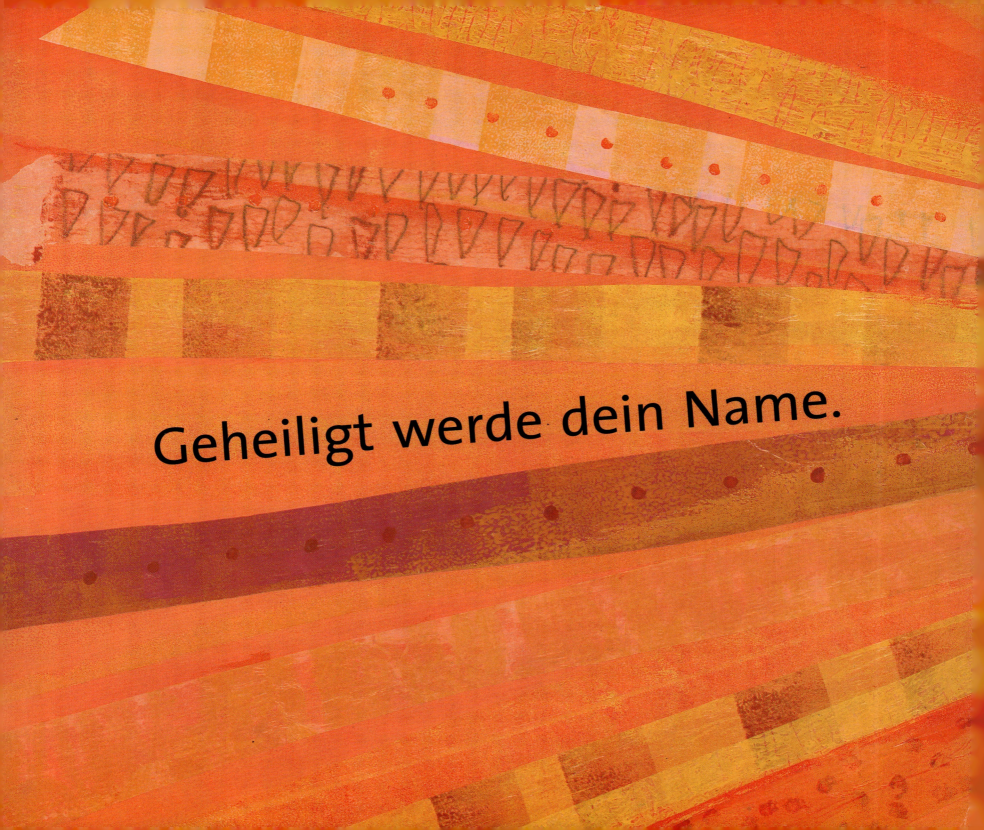

Und vergib uns unsere Schuld,

Und führe uns nicht in Versuchung,

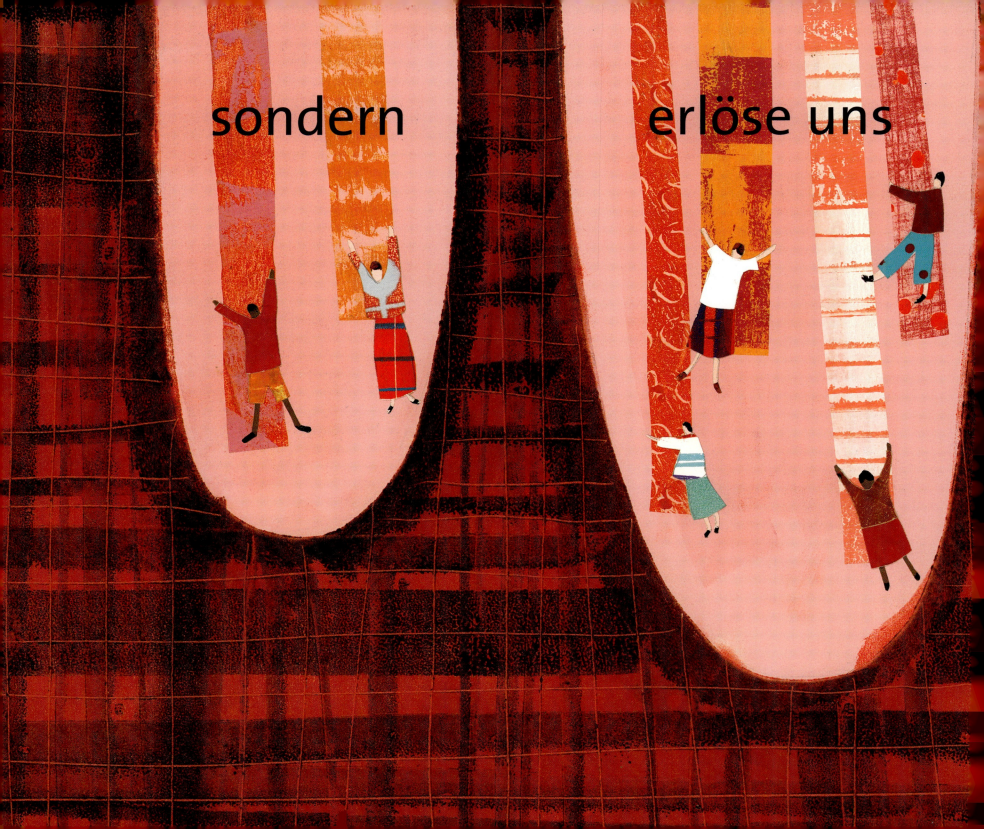

in Ewigkeit.

Das Vaterunser
nach dem Matthäus-Evangelium

So sollt ihr beten:
    Unser Vater im Himmel!
    Dein Name werde geheiligt.
    Dein Reich komme.
    Dein Wille geschehe wie im Himmel so auf Erden.
    Unser tägliches Brot gib uns heute.
    Und vergib uns unsere Schuld,
    wie auch wir vergeben unsern Schuldigern.
    Und führe uns nicht in Versuchung,
    sondern erlöse uns von dem Bösen.
    Denn dein ist das Reich und die Kraft und die Herrlichkeit in Ewigkeit. Amen.

(Matthäus 6,9-13)

Das Vaterunser

nach dem Lukas-Evangelium

Jesus sprach zu ihnen: Wenn ihr betet, so sprecht:
    Vater!
    Dein Name werde geheiligt.
    Dein Reich komme.
    Unser tägliches Brot gib uns Tag für Tag
    und vergib uns unsre Sünden;
    denn auch wir vergeben allen,
    die an uns schuldig werden.
    Und führe uns nicht in Versuchung.

(Lukas 11,2-4)